DOT TO DOT

DOT TO DOT

DOT TO DOT

DOT TO DOT

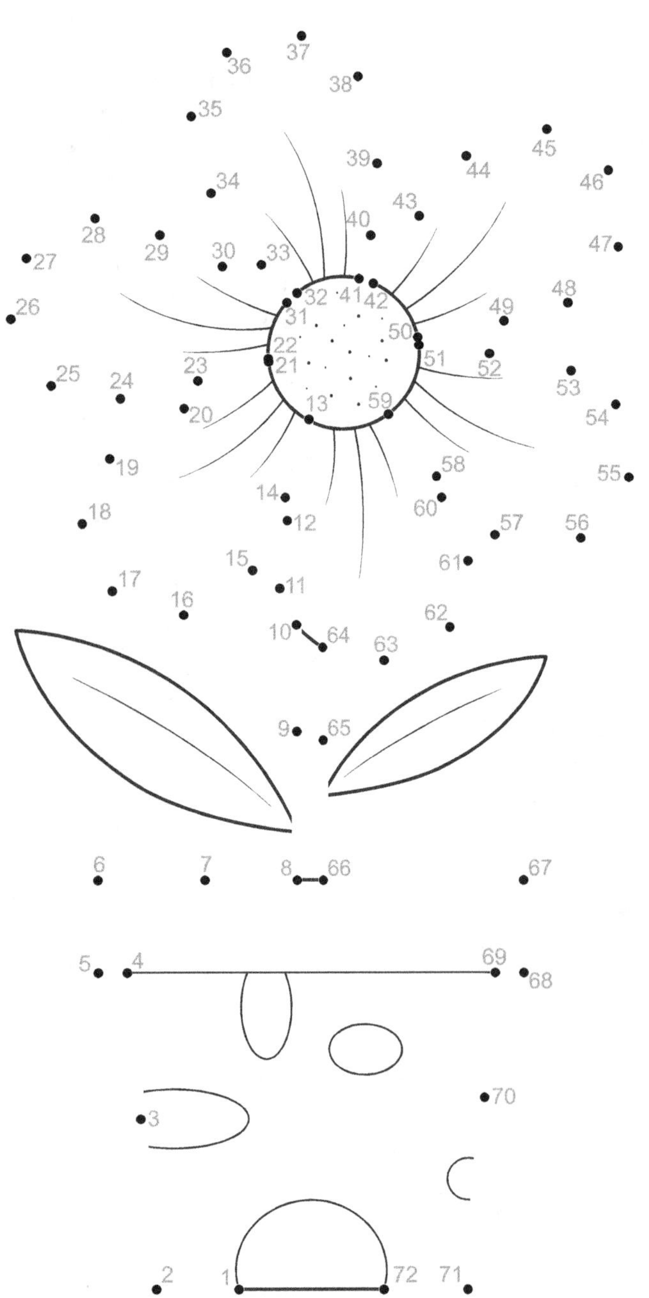

DOT TO DOT

DOT TO DOT

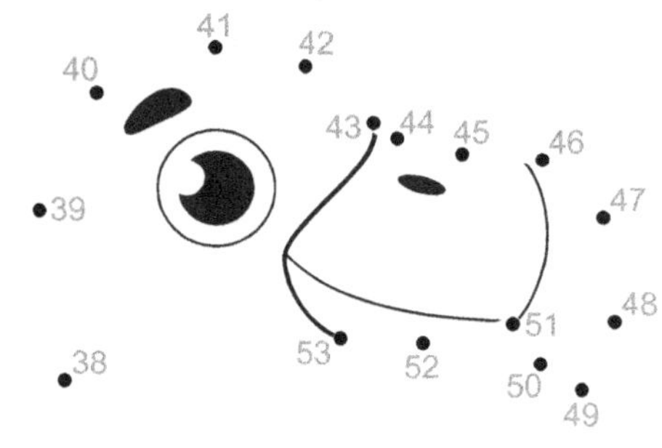

DOT TO DOT

DOT TO DOT

DOT TO DOT

DOT TO DOT

DOT TO DOT

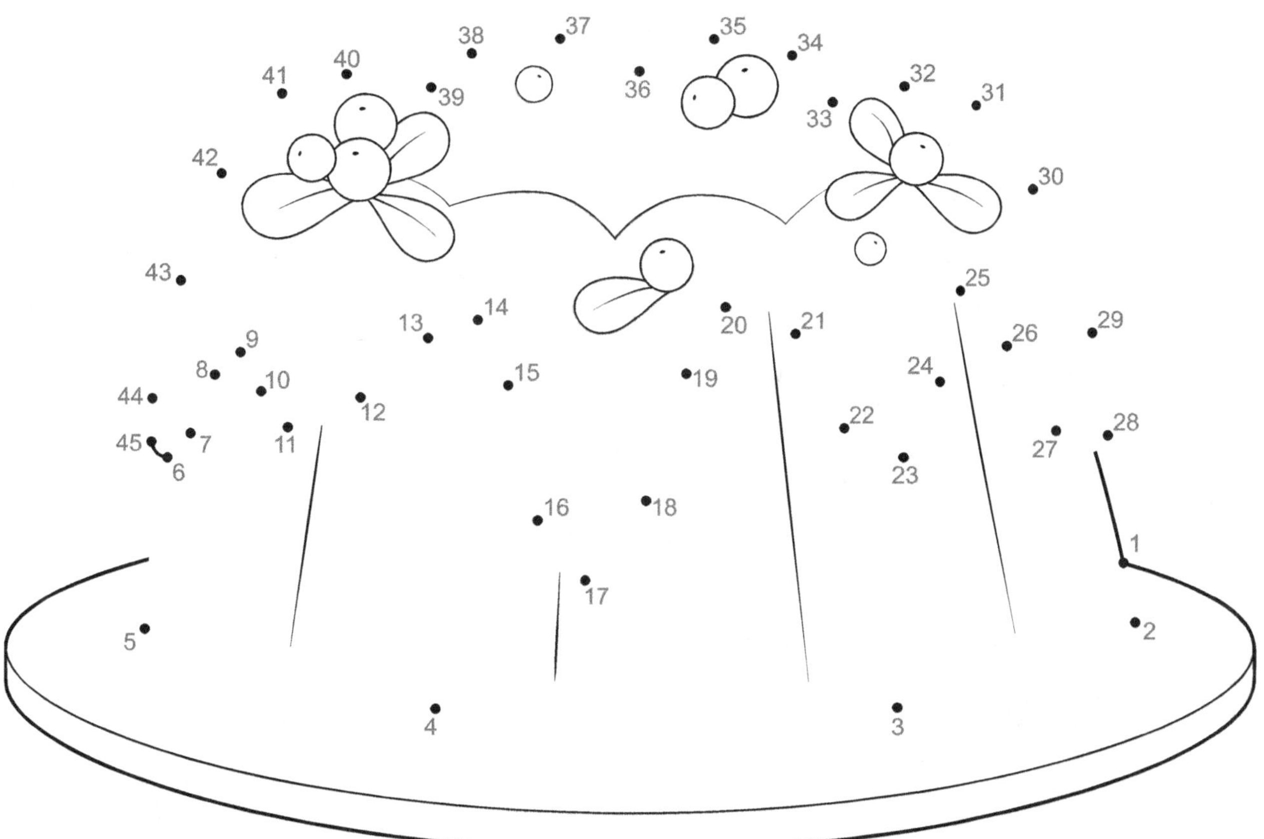

DOT TO DOT

DOT TO DOT

DOT TO DOT

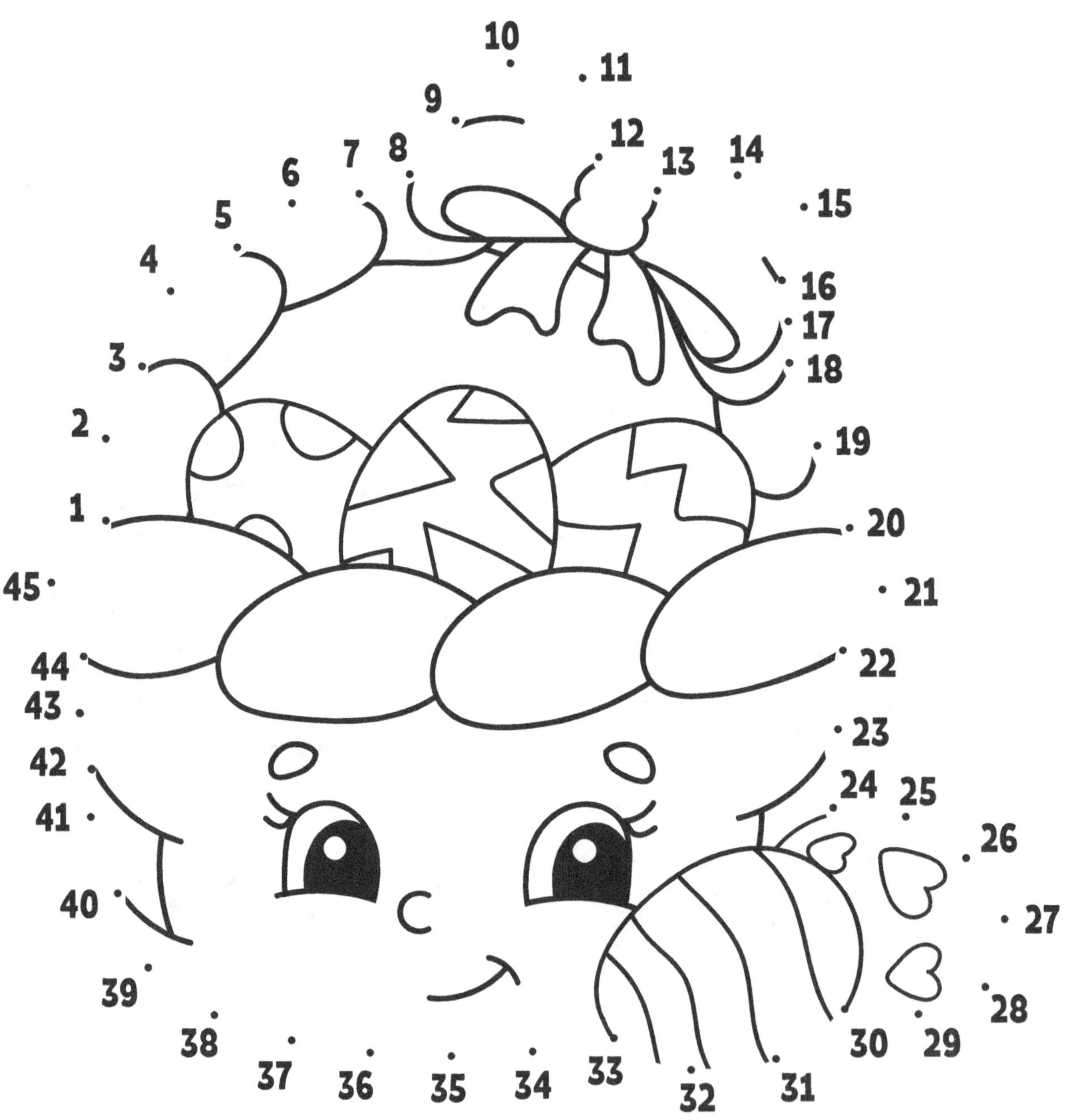

DOT TO DOT

DOT TO DOT

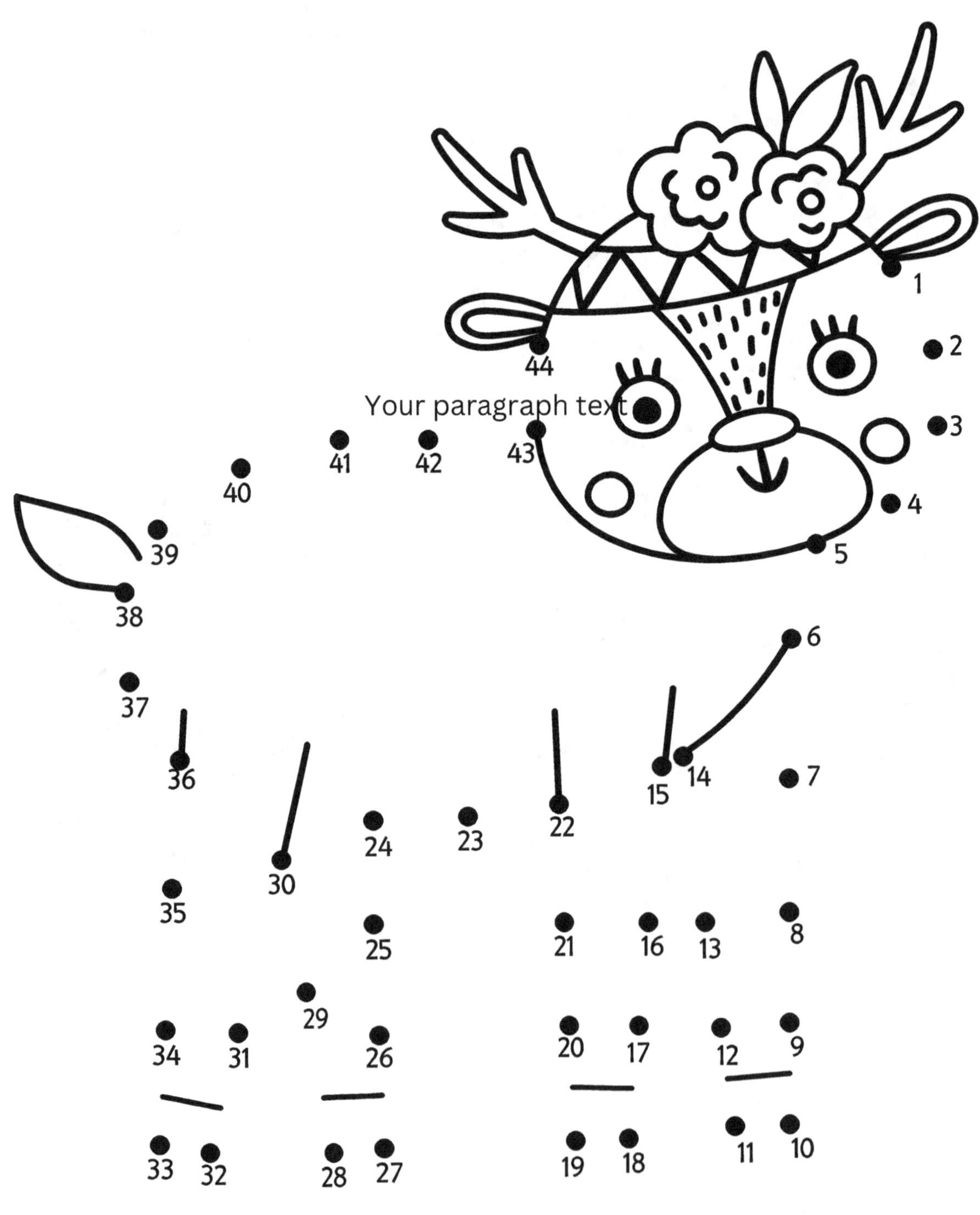

DOT TO DOT

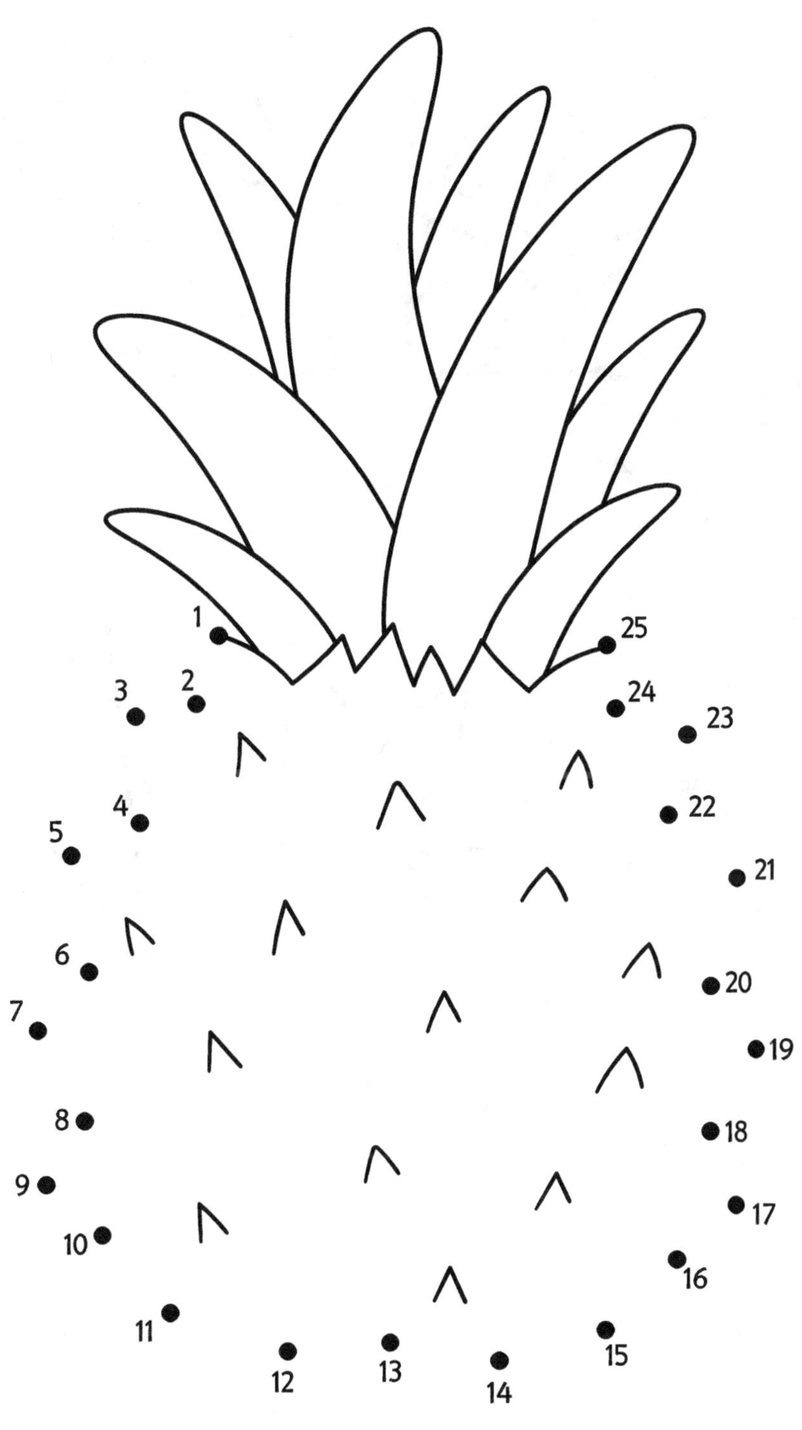

DOT TO DOT

DOT TO DOT

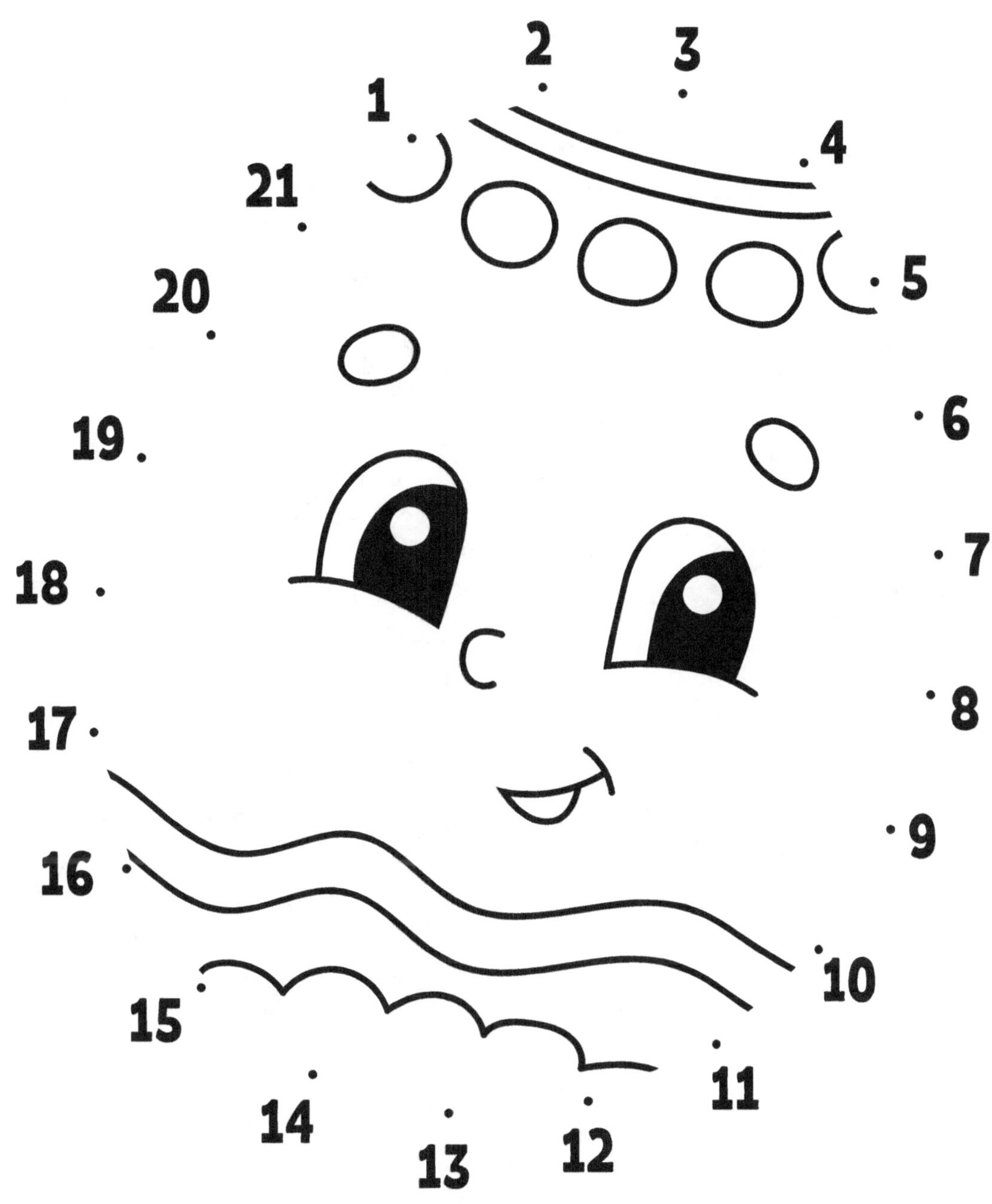

DOT TO DOT

DOT TO DOT

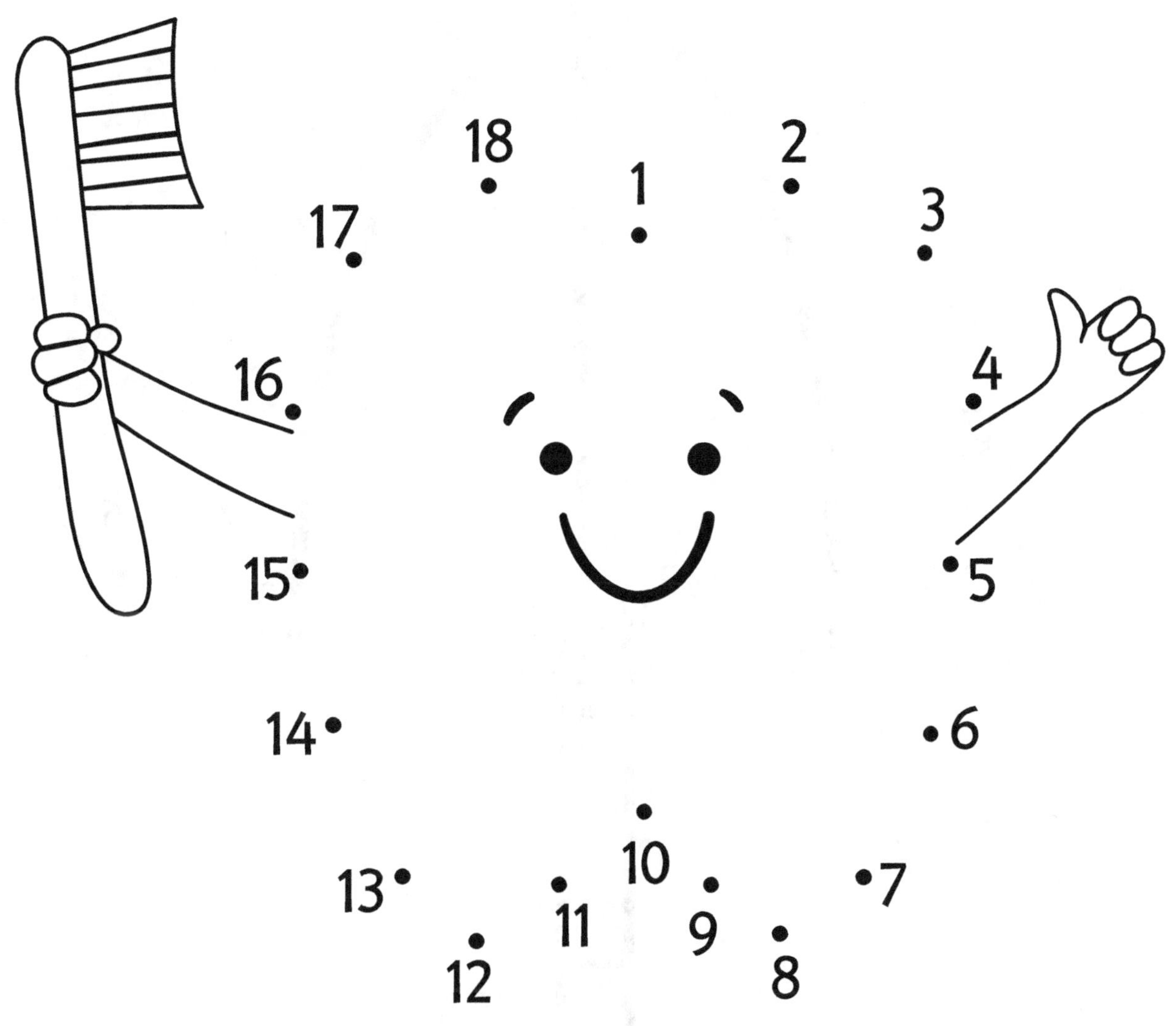

DOT TO DOT

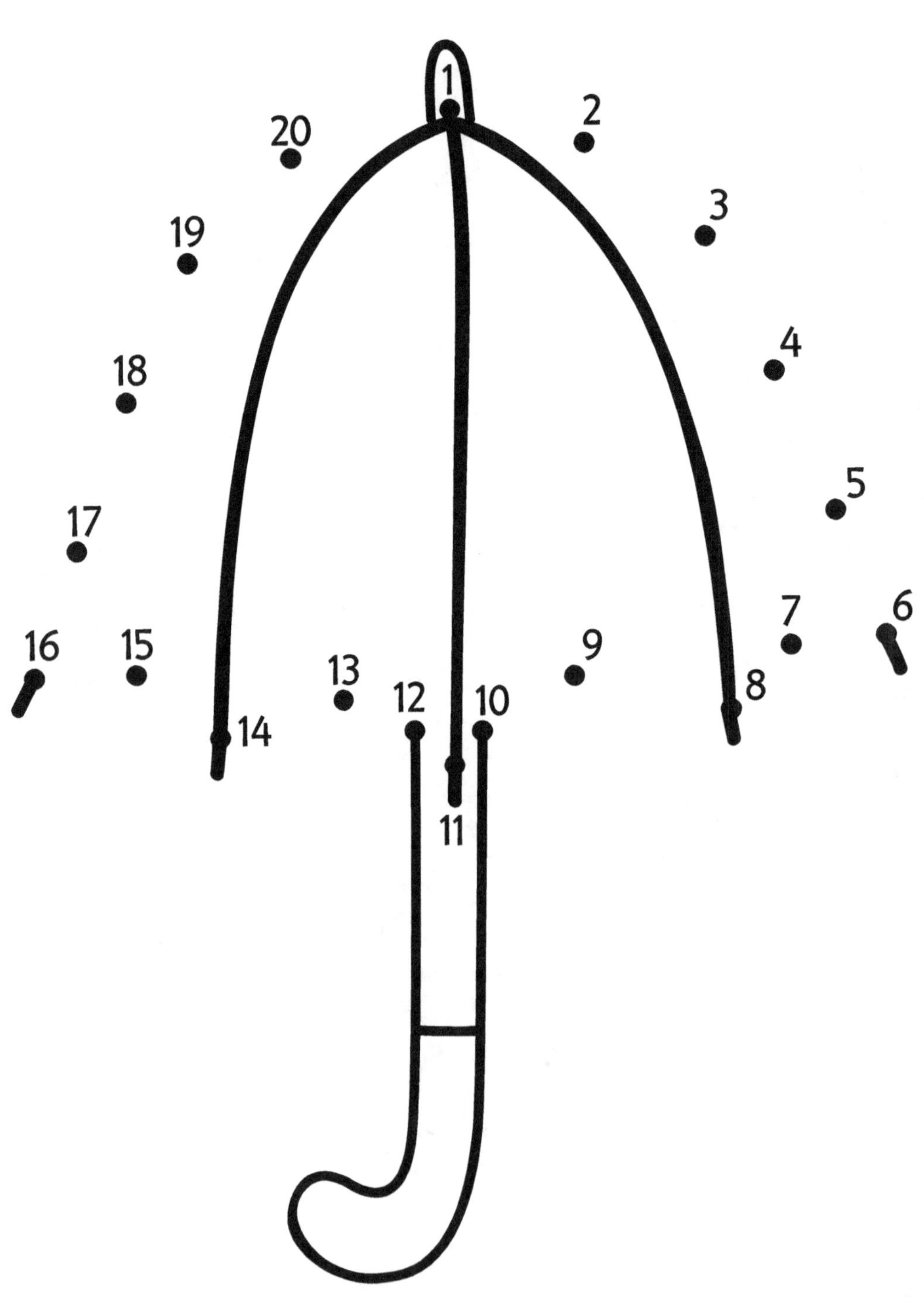

DOT TO DOT

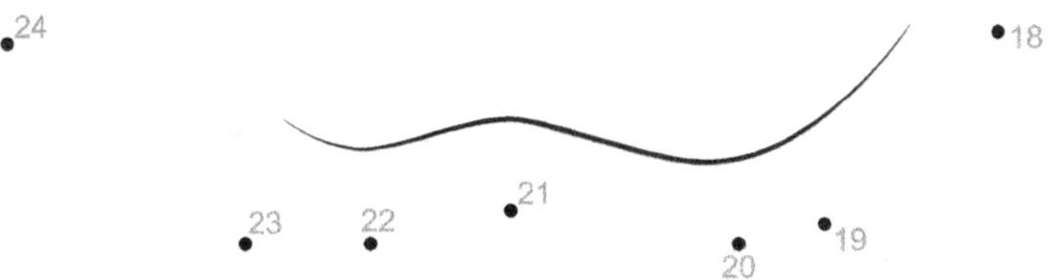

DOT TO DOT

DOT TO DOT

DOT TO DOT

DOT TO DOT

DOT TO DOT

DOT TO DOT

DOT TO DOT

DOT TO DOT

DOT TO DOT

DOT TO DOT

DOT TO DOT

DOT TO DOT

DOT TO DOT

DOT TO DOT

DOT TO DOT

DOT TO DOT

DOT TO DOT

DOT TO DOT

DOT TO DOT

DOT TO DOT

DOT TO DOT

DOT TO DOT

DOT TO DOT

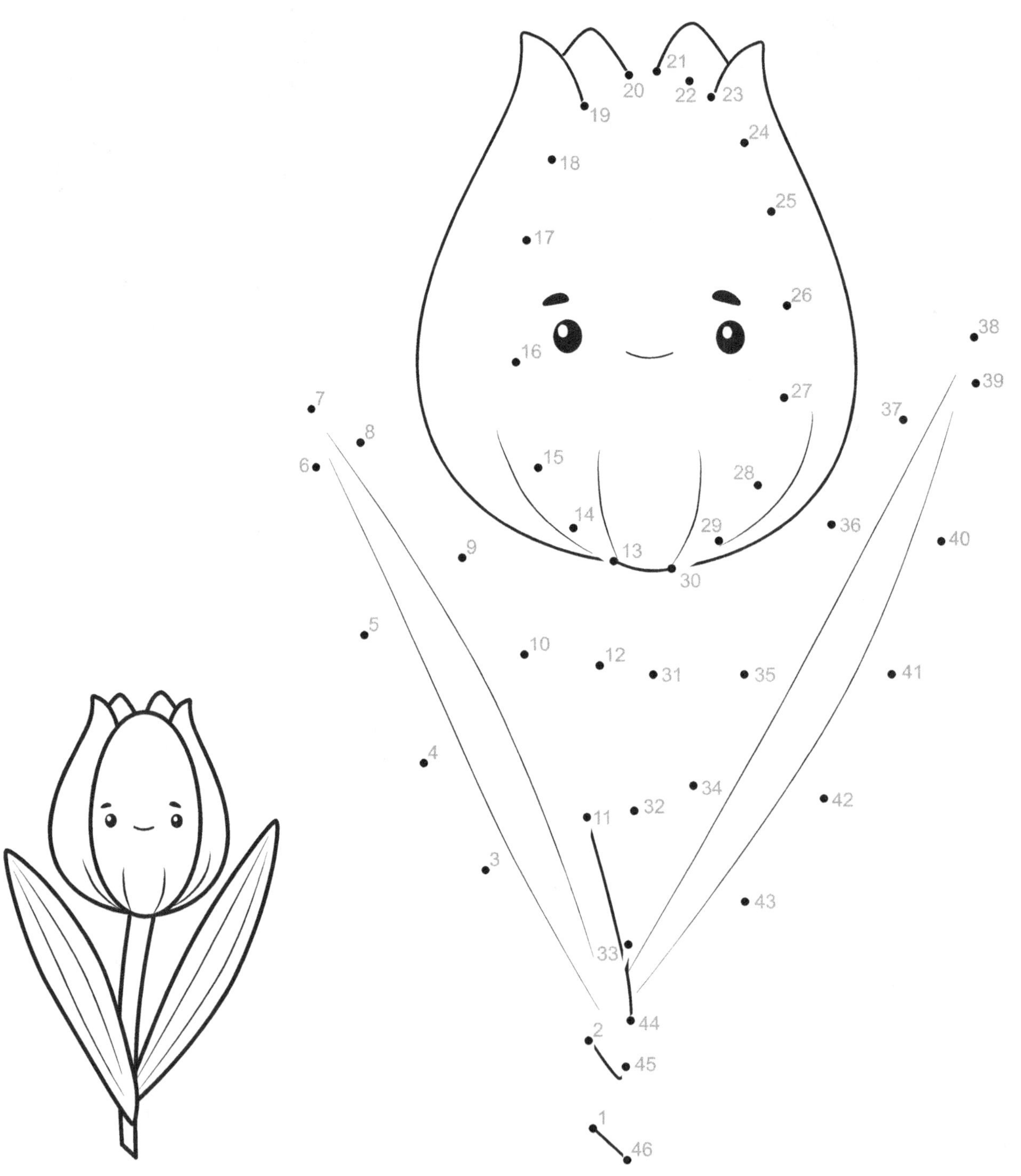

DOT TO DOT

DOT TO DOT

DOT TO DOT

DOT TO DOT

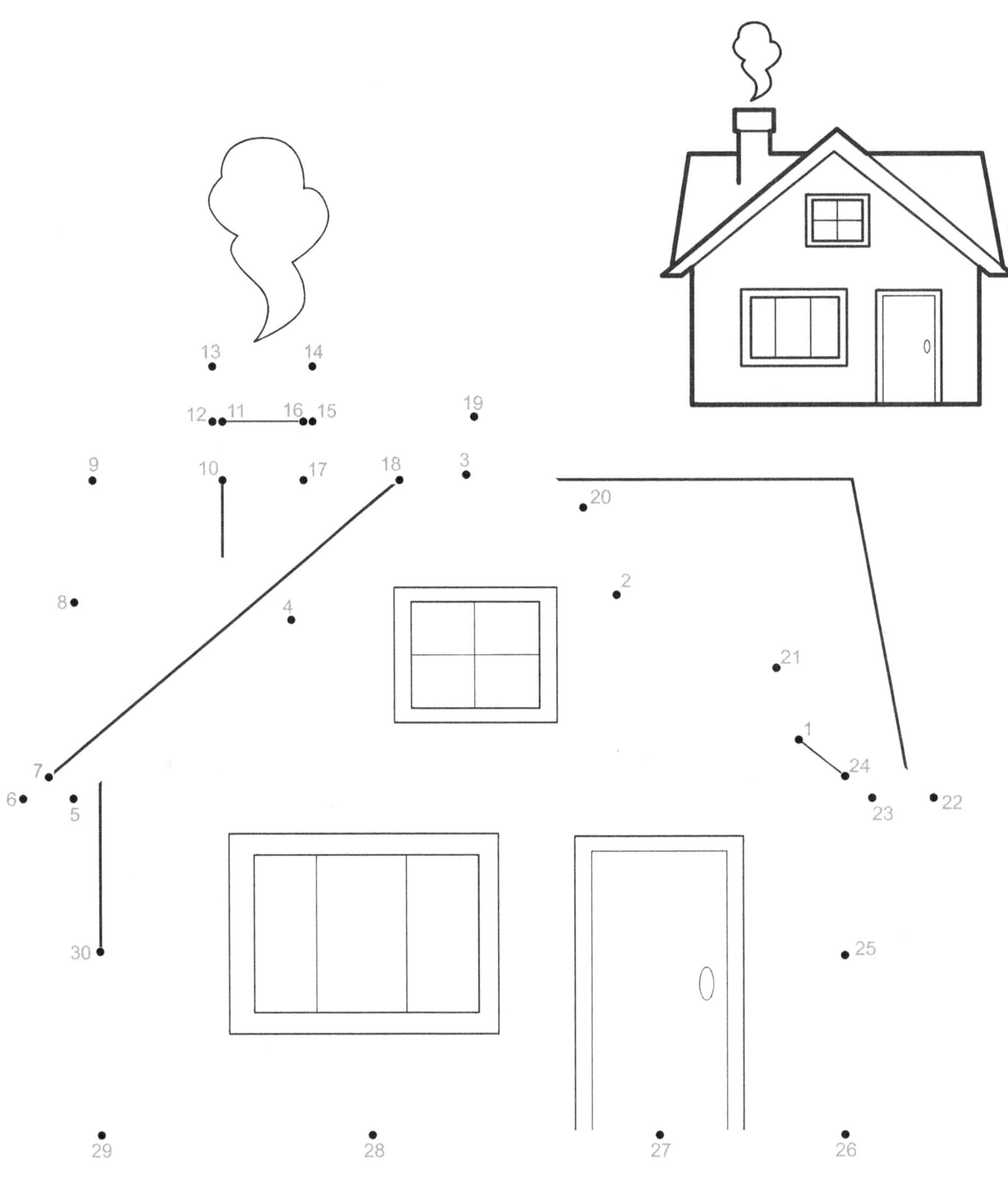